ENTIENDE TU
Mente y Tu Cuerpo

Imagen Corporal

Ashley Lee & J Smith

e Explora otros libros en:
WWW.ENGAGEBOOKS.COM

VANCOUVER, B.C.

e WWW.ENGAGEBOOKS.COM

Imagen Corporal: Entiende Tu Mente y Tu Cuerpo
Lee, Ashley 1995 -
Smith, J 1994 -
Texto © 2024 Engage Books
Diseño © 2024 Engage Books

Editado por: A.R. Roumanis Ashley Lee,
Melody Sun, y Sarah Harvey
Diseño por: Mandy Christiansen

Texto establecido en Montserrat Regular.
Títulos de capítulo establecidos en Hobgoblin.

PRIMERA EDICIÓN / PRIMERA IMPRESIÓN

Este libro no pretende reemplazar el consejo de un profesional de la salud ni de ser una herramienta para el diagnóstico. Es un medio educativo para ayudar a los niños a entender lo que ellos u otras personas están pasando.

LIBRARY AND ARCHIVES CANADA CATALOGUING IN PUBLICATION

Title: Body image / Adelaide Wilder.
Names: Lee, Ashley, 1995 - author, Smith, J, 1994 - author.
Description: Series statement: Understand your mind and body

Identifiers: Canadiana (print) 20230229948 | Canadiana (ebook) 20230229956
ISBN 978-1-77476-780-1 (hardcover)
ISBN 978-1-77476-781-8 (softcover)
ISBN 978-1-77476-782-5 (epub)
ISBN 978-1-77476-783-2 (pdf)
ISBN 978-1-77878-108-7 (audio)

Subjects:
LCSH: Body image in children—Juvenile literature.
LCSH: Body image—Juvenile literature.
LCSH: Self-perception in children—Juvenile literature.
LCSH: Self-perception—Juvenile literature.

Classification: LCC BF723.B6 W55 2023 | DDC J306.4/613—DC23

This project has been made possible in part by the Government of Canada.

Canada

Índice

¿Qué es la Imagen Corporal?

La imagen corporal es lo que las personas piensan, sienten y creen acerca de cómo se ve su cuerpo. A algunas personas les gusta cómo se ven y a otras no. La imagen corporal está estrechamente relacionada con la **autoestima**.

Autoestima: que tan bien se siente alguien acerca de sí mismo.

Las personas con problemas de imagen corporal no les gusta cómo se ven. Pueden querer cambiar cosas en sus cuerpos. Las personas que se valoran y se respetan a sí mismas son menos propensas a tener problemas de imagen corporal.

Casi el 80 por ciento de las adolescentes de América del Norte luchan con su imagen corporal.

¿Qué Causa Problemas de Imagen Corporal?

La imagen corporal se forma por la forma en que otras personas hablan de ella. Algunas personas pueden ser víctimas de acoso debido a su apariencia. Algunos padres pueden decir cosas duras sobre el cuerpo de sus hijos. Esto puede causar problemas de imagen corporal.

Los **medios de comunicación** a menudo favorecen a personas con ciertos tipos de cuerpos. La mayoría de las personas comparan sus cuerpos con las imágenes que ven en los medios de comunicación. Las personas que se ven diferentes pueden sentir que no encajan.

PALABRA CLAVE

Medios de comunicación: formas de compartir contenido, como televisión, películas, anuncios, redes sociales y libros.

Algunos adolescentes sienten que necesitan desarrollar músculos debido a lo que dicen las redes sociales que es el tipo de cuerpo masculino perfecto.

¿Cómo Afectan los Problemas de Imagen Corporal a tu Cerebro?

El **ínsula** es una parte del cerebro que reúne información de diferentes áreas del cerebro. Ayuda a crear lo que las personas piensan y sienten acerca de sus cuerpos.

Alguien con problemas de imagen corporal podría tener una ínsula que no funciona de manera normal.

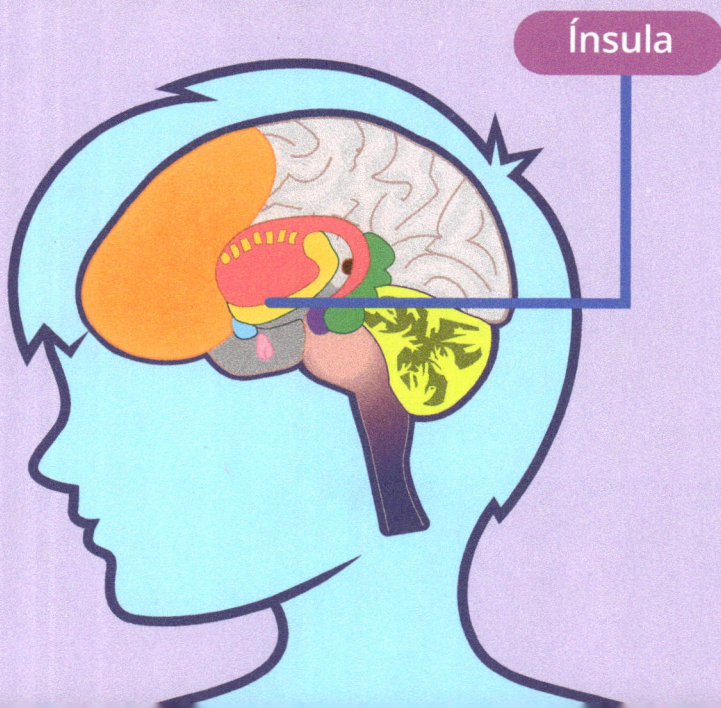

Ínsula

P9 Las personas con problemas de imagen corporal pueden caer en trampas de pensamiento. Las trampas de pensamiento son pensamientos negativos que no son ciertos. Por ejemplo, *"soy demasiado gordo"* o *"me veo feo"* son trampas de pensamiento comunes sobre la imagen corporal.

¿Cómo Afectan los Problemas de Imagen Corporal a tu Cuerpo?

Los problemas de imagen corporal afectan cómo las personas tratan sus cuerpos. Puede hacer que las personas intenten cambiar su imagen corporal de maneras poco saludables. Podrían probar dietas extremas, rutinas de ejercicio o **cirugía estética**.

PALABRA CLAVE

Cirugía estética: una operación para cambiar la apariencia de alguien.

Se realizan alrededor de 60,000 cirugías estéticas en adolescentes en los Estados Unidos cada año.

Las personas con problemas de imagen corporal a veces tienen trastornos alimentarios. Esto significa comer de una manera que no es segura para su cuerpo. Las personas con trastornos alimentarios suelen comer en exceso o muy poco.

Solo el diez por ciento de las personas con un trastorno alimentario buscan ayuda.

¿Cómo se Siente tener Problemas de Imagen Corporal?

Las personas con problemas de imagen corporal pueden sentir que están siendo juzgadas por su apariencia. Podrían tener miedo de ir a lugares concurridos. Esto puede causar **ansiedad**.

PALABRA CLAVE

Ansiedad: sentimientos de preocupación y miedo que son difíciles de controlar.

El trastorno de ansiedad social es un tipo de fobia. Te hace sentir ansioso al estar cerca de otras personas.

Los problemas de imagen corporal pueden hacer que las personas se pierdan de cosas que podrían disfrutar. Las personas pueden evitar hacer ciertos deportes o actividades si sienten vergüenza de sus cuerpos. Podrían sentirse solas si no se relacionan con otras.

¿Los Problemas de Imagen Corporal Desaparecen?

Cualquiera con problemas de imagen corporal puede sentirse mejor acerca de su cuerpo. Esto no sucederá por sí solo. Requiere de mucho tiempo y esfuerzo.

Comer bien, hacer ejercicio y dormir mucho son herramientas importantes. Un **terapeuta** también puede ofrecer ayuda. Pueden enseñar a las personas cómo sentirse mejor acerca de sus cuerpos.

PALABRA CLAVE

Terapeuta: una persona entrenada para ayudar con problemas de la salud mental.

15

Pedir Ayuda

Es aceptable pedir ayuda. Hablar con un amigo o adulto de confianza es un buen lugar para comenzar. Aquí hay algunas formas de iniciar la conversación.

"Odio mi cuerpo. ¿Puedes ayudarme a descubrir cómo no hacerlo?"

"No puedo dejar de preocuparme por cómo me ven los demás. Es difícil no preocuparme por lo que piensan. ¿Entiendes lo que quiero decir?"

"No me gusta cómo me veo. ¿Conoces alguna forma de cambiar eso?"

Cómo Ayudar a Otros con Problemas de Imagen Corporal

Es difícil manejar los problemas de imagen corporal. Si tus amigos están luchando con problemas de imagen corporal, puedes ayudarlos. Aquí hay algunos pasos que puedes tomar para ayudar.

Evita juzgar

No juzgues la apariencia de los demás. Habla sobre los cuerpos de manera positiva con tus amigos. Cambiar la forma en que hablas sobre los cuerpos puede ayudar a las personas con problemas de imagen corporal.

Muestra amabilidad

Recuerda a tus amigos que los amas por lo que son. Halágales por cosas que no tienen que ver con su apariencia. Enfócate en las buenas cualidades de los demás.

Encuentra apoyo con ellos

Tus amigos pueden necesitar más apoyo del que puedes brindar. Anímales a hablar con un adulto de confianza si están luchando.

La Historia de la Imagen Corporal

La imagen corporal ha existido durante mucho tiempo. El significado del tipo de cuerpo perfecto no permanece igual durante mucho tiempo. A menudo se espera que las mujeres y las niñas se ajusten a las últimas tendencias de belleza.

En la década de 1800, se esperaba que las mujeres tuvieran curvas. Usaban una prenda llamada corsé para hacer que sus cinturas fueran más pequeñas. Los corsés causaron muchos problemas de salud.

En las décadas de 1980 y 1990, la delgadez se convirtió en el objetivo de belleza para las mujeres. Aún lo es para muchas mujeres hoy en día. Algunas pueden probar rutinas extremas de pérdida de peso para estar delgadas. Esto podría dañar sus cuerpos.

Superhéroes de la Imagen Corporal

En el pasado, solo se favorecía y mostraba un tipo de cuerpo en los medios de comunicación. Durante años, las personas han exigido ver todos los tamaños, formas y colores diferentes en los medios de comunicación.

PALABRA CLAVE

Diverso: incluyendo muchos tipos diferentes de personas.

Harnaam Kaur es una modelo. Ella puede tener una barba completa debido a una condición médica. Kaur una vez habló ante el gobierno del Reino Unido sobre la importancia de la autoaceptación.

Kelvin Davis es un modelo y escritor. Escribe el blog de moda masculina *Notoriously Dapper* y habla sobre la positividad corporal masculina. La positividad corporal es la idea de que todos deberían amar su cuerpo tal como es.

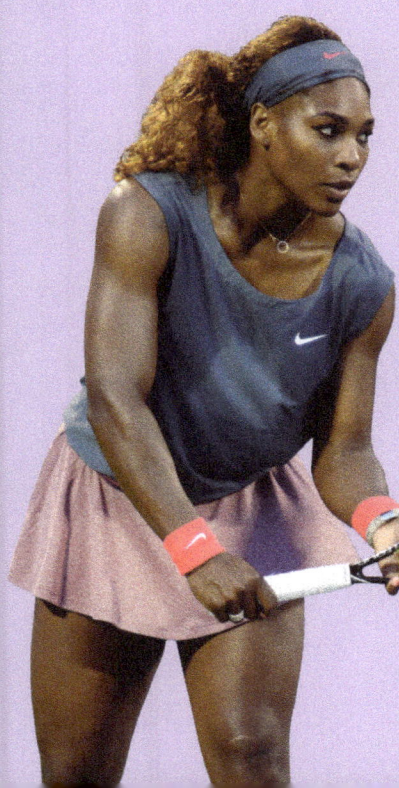

Serena Williams es una jugadora de tenis campeona mundial. Ha sido atacada en línea por ser demasiado musculosa. Ella no permite que las críticas la desanimen. En cambio, Serena anima a otros a sentirse bien acerca de sus cuerpos.

23

Consejo Número 1 para la Imagen Corporal: Detener Trampas de Pensamiento

Las trampas de pensamiento pueden ser difíciles de superar. Pero hacer un esfuerzo por cambiar la forma en que piensas acerca de ti mismo puede ayudar a detenerlas. Comienza evitando el **diálogo negativo contigo mismo**.

PALABRA CLAVE

Diálogo negativo contigo mismo: pensar o decir cosas hirientes acerca de ti mismo.

Constrúyete a ti mismo centrandote en tus mejores cualidades. Estas no serán todas cualidades físicas. Tus habilidades, intereses y personalidad son todas partes importantes de lo que te hace especial.

Lo que ves en el espejo puede no ser cómo te ven otras personas.

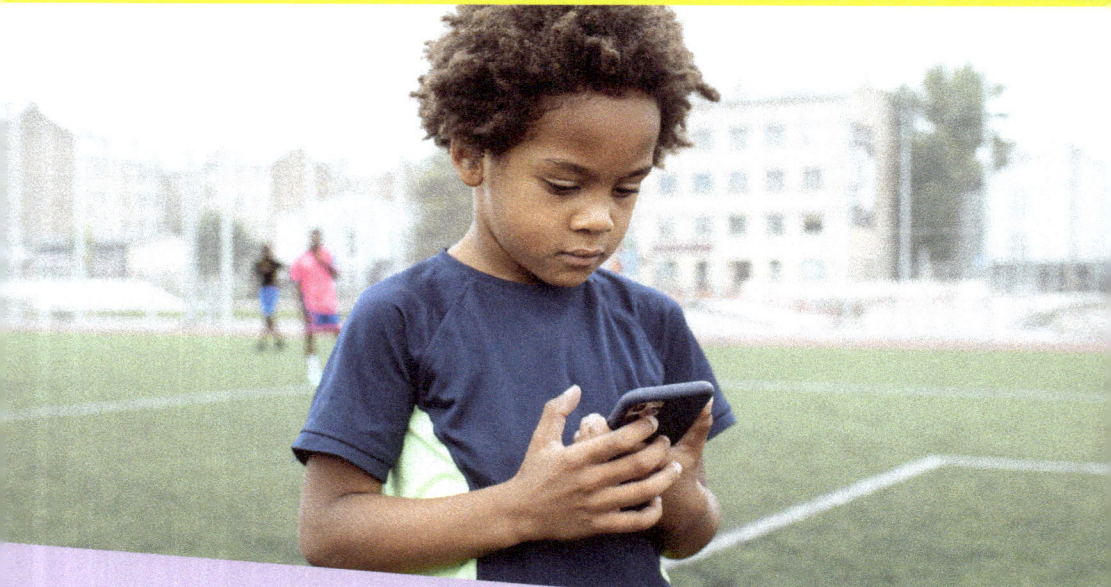

Consejo Número 2 para la Imagen Corporal: Limitar el tiempo Frente a la Pantalla

Las redes sociales a menudo promueven un cierto tipo de cuerpo. Un estudio muestra que cuanto más tiempo pasas en las redes sociales, más probable es que no estés satisfecho con tu apariencia. Limitar el tiempo en frente de la pantalla es una buena manera de ayudar con los problemas de imagen corporal.

1. Lleva un registro de cuánto tiempo pasas en frente de las pantallas todos los días.

2. Usa ese número para establecer un objetivo de cuánto tiempo puedes pasar usando pantallas cada día.

3. Aparta el teléfono por un período de tiempo.

4. Sal afuera cuando no estés mirando las pantallas.

Consejo Número 3 para la Imagen Corporal: Probar Algo Nuevo

No todos se sienten cómodos usando las últimas tendencias de moda. Date un respiro vistiendo algo cómodo. O intenta encontrar ropa que muestre tu estilo personal!

Interrumpe los pensamientos negativos haciendo cosas que te gusten. Probar actividades nuevas puede ser divertido y desafiante. También puede ayudarte a aprender sobre ti mismo. Nunca sabes qué te puede resultar interesante!

Cuestionario

Pon a prueba tu conocimiento sobre la imagen corporal respondiendo a las siguientes preguntas. Las preguntas se basan en lo que has leído en este libro. Las respuestas están listadas en la parte inferior de la siguiente página.

1 ¿Qué es la imagen corporal?

2

¿Cómo se forma la imagen corporal?

3

¿Qué significa tener un trastorno alimentario?

¿Cuál es una forma en que puedes ayudar a otros con problemas de imagen corporal? **4**

5 ¿A qué anima Serena Williams a hacer a los demás?

6

¿Cómo puedes interrumpir los pensamientos negativos?

Explora Otros Lectores de Nivel 3

LECTORES ATRACTIVOS · NIVEL 3
TDAH
AJ Knight

LECTORES ATRACTIVOS · NIVEL 3
Ansiedad
Melody Sun & J Smith

LECTORES ATRACTIVOS · NIVEL 3
Asma
Sarah Harvey

LECTORES ATRACTIVOS · NIVEL 3
Diabetes
Kit Caudron-Robinson

LECTORES ATRACTIVOS · NIVEL 3
Dislexia
Aleela Baumann

LECTORES ATRACTIVOS · NIVEL 3
Imagen Corporal
Ashley Lee & J Smith

LECTORES ATRACTIVOS · NIVEL 3
Obesidad
Kit Caudron-Robinson

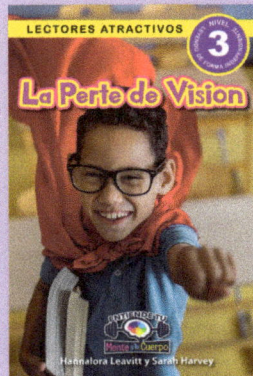

LECTORES ATRACTIVOS · NIVEL 3
La Perte de Vision
Hannalora Leavitt y Sarah Harvey

LECTORES ATRACTIVOS · NIVEL 3
Trastornos del Habla
AJ Knight

Visita www.engagebooks.com/readers

Respuestas: 1. Lo que las personas piensan, sienten y creen acerca de cómo se ve su cuerpo 2. Por la forma en que otras personas hablan de ella 3. Comer de una manera que no es segura para el cuerpo 4. Evitar juzgar, mostrar amabilidad o encontrar apoyo en ellos 5. A sentirse bien acerca de sus cuerpos 6. Haciendo cosas que te gustan

www.ingramcontent.com/pod-product-compliance
Lightning Source LLC
Chambersburg PA
CBHW051237020426
42331CB00016B/3415